The Traveling Caterpillar

सफ़र पर चली एक इल्ली

Rayne Coshav

Illustrated by Patrisia Marian

KidKiddos Books

www.kidkiddos.com

Copyright ©2022 KidKiddos Books Ltd.

support@kidkiddos.com

First edition

Translated from English by Aarohi Bhattacharyya
आरोही भट्टाचार्या द्वारा अंग्रेज़ी से हिन्दी में अनुवादित

Library and Archives Canada Cataloguing in Publication
The Traveling Caterpillar (English Hindi Bilingual)/Rayne Coshav
ISBN: 978-1-5259-6852-5 paperback
ISBN: 978-1-5259-6853-2 hardcover
ISBN: 978-1-5259-6851-8 eBook

Please note that the Hindi and English versions of the story have been written to be as close as possible. However, in some cases they differ in order to accommodate nuances and fluidity of each language.

One day, not too long ago, my whole life changed.
बस थोड़े ही दिन पहले की बात है, एक दिन मेरी पूरी ज़िन्दगी ही बदल गई।

I was just an ordinary caterpillar living in the forest with my family.
मैं अपने परिवार के साथ जंगल में रहने वाली एक आम सी इल्ली थी।

Then one morning, when I was out for a walk, I noticed something I had never seen before.

फिर एक सुबह, जब मैं सैर के लिए निकली, तो मैंने कुछ ऐसा देखा जो मैंने पहले कभी नहीं देखा था।

It was a big, shiny, blue thing, with four circles at the bottom.

वह एक बड़ी, चमकदार, नीली सी चीज़ थी, जिसके नीचे चार वृत्त थे।

It was so pretty that I decided to climb it. But before I even got to the top, it started moving!

वह इतनी खूबसूरत थी कि मैंने उस पर चढ़ना तय किया। मगर मैं उसकी चोटी पर पहुँच पाती इससे पहले ही वह चल पड़ी!

I didn't know what to do, so I just held on as tight as I could.

मुझे तो समझ ही नहीं आया मैं क्या करूँ, तो बस जितना हो सके कस कर उसे जकड़ कर बैठी रही।

We were going so fast, I thought I would fly off! When we finally stopped, I couldn't recognize anything around me.
हम इतनी तेज़ी से जा रहे थे, मुझे लगा मैं उड़ जाउंगी! जब आख़िरकार हम रुके, तो अपने आस-पास मैं कुछ भी पहचान नहीं पा रही थी।

Instead of trees, rocks, and other caterpillars, I was surrounded by buildings and humans.
पेड़ों, चट्टानों और दूसरी इल्लियों के बजाय, मैं इमारतों और इंसानों से घिरी हुई थी।

Would I find my way back? How far was I from home? Would my family look for me?
क्या मुझे वापसी का रस्ता मिल पाता? मैं अपने घर से कितनी दूर आ गई थी? क्या मेरा परिवार मुझे ढूंढ रहा था?

Suddenly something caught my eye. It was yellow, my favorite color!

अचानक मेरी नज़र किसी चीज़ पर पड़ी। वह पीले रंग की थी, मेरा पसंदीदा रंग!

I thought that maybe if I climbed this one, it would take me back home. So I did.

मैंने सोचा शायद मैं इस पर चढ़ गई, तो यह मुझे घर वापस ले जाएगी। और मैंने वही किया।

Not long after, it stopped in front of a huge building.

कुछ ही देर बाद, वह एक बड़ी सी इमारत के सामने आ कर रुकी।

AIRPORT

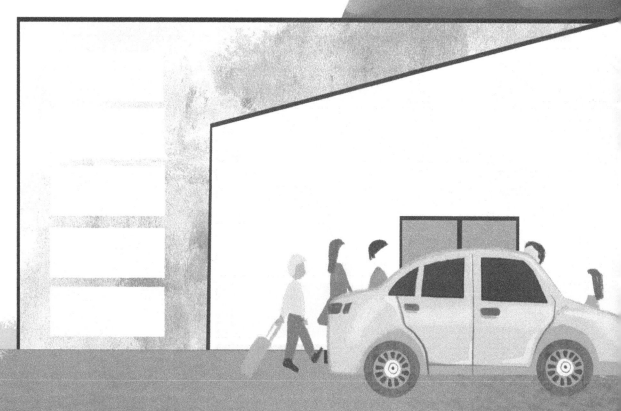

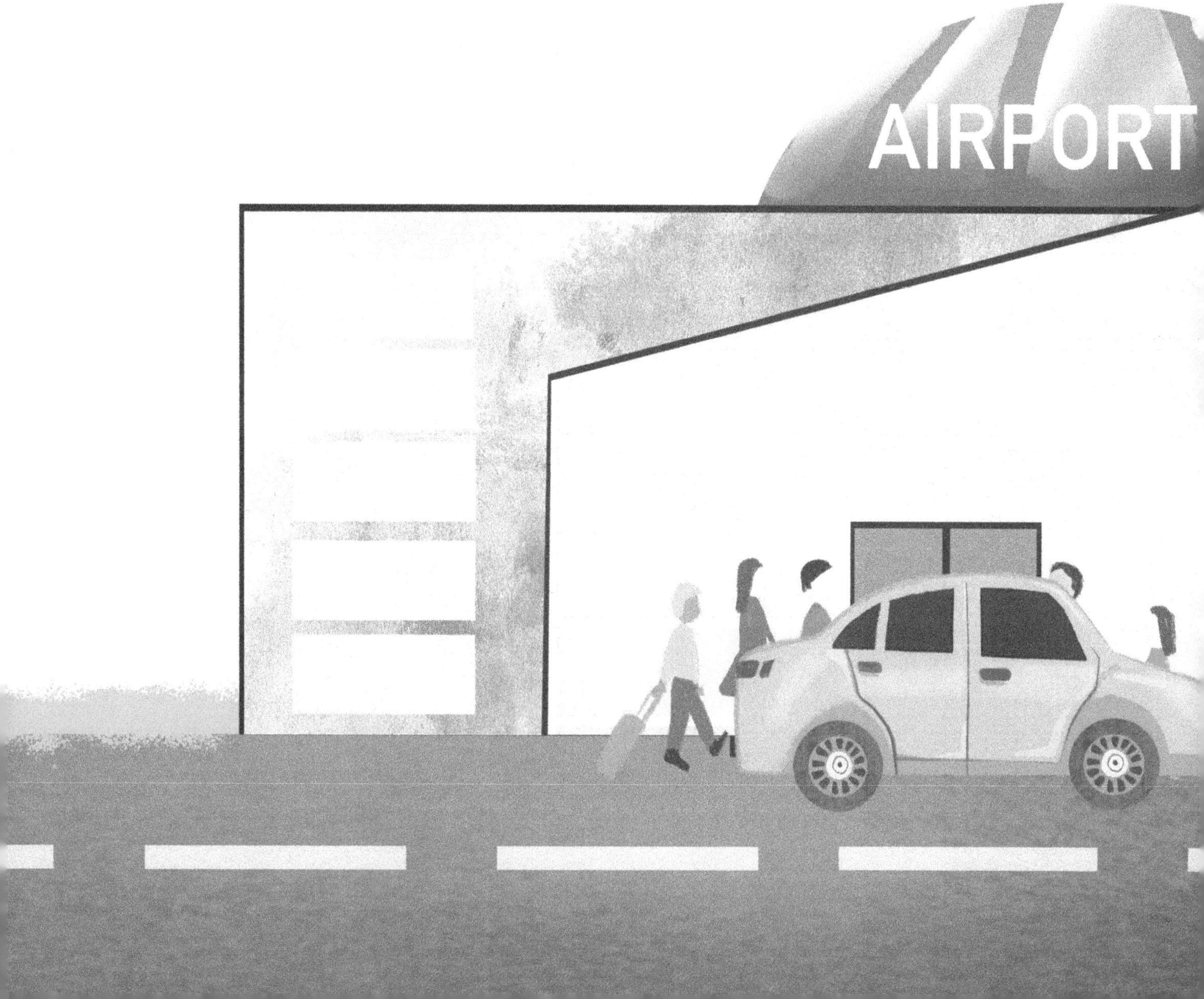

I hopped off and walked through some big doors. The inside was filled with people, the most I had ever seen.

मैं कूद कर उतर गई और कुछ बड़े दरवाज़ों से होते हुए अंदर गई। अंदर लोगों से खचाखच भरा था, इतना कि मैंने शायद ही पहले कभी देखा था।

They were all yelling and running around nervously. I almost got stepped on!

सब लोग चिल्ला रहे थे और घबराकर इधर-उधर भाग रहे थे। मैं तो किसी के पैरों तले आते आते बची!

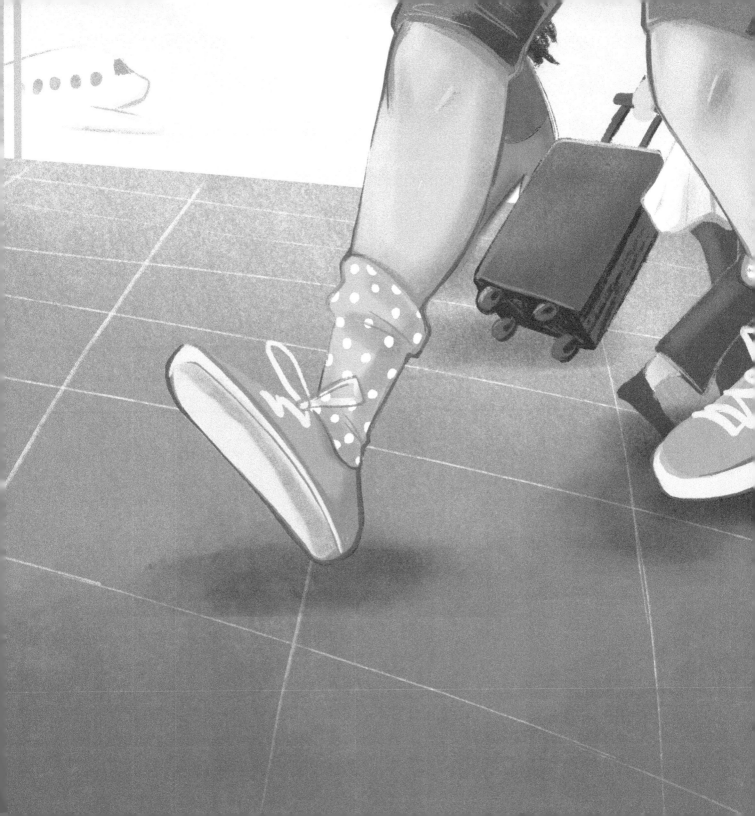

N
W
E
S

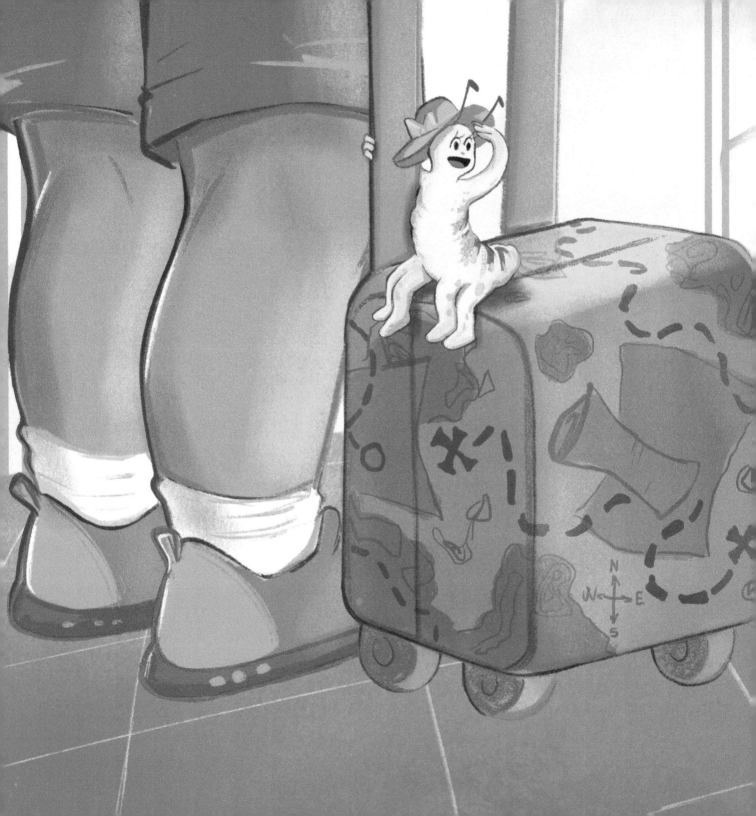

When I finally got away from the crowd, I crawled onto a box to rest.

जब आखिरकार मैं भीड़ से दूर हट पाई, तो थोड़ा आराम करने के लिए रेंग कर एक बक्से पर चढ़ गई।

"I'm getting hungry," I thought to myself. "I really hope that I'll find my way home soon. My parents must be so worried!"

"मुझे भूख लग रही है," मैंने मन ही मन सोचा। "काश जल्द से जल्द घर का रस्ता मिल जाए। मा और पिताजी कितने परेशान हो रहे होंगे!"

Just then, a person passed and accidentally dropped a giant piece of food on the floor!

तभी, एक आदमी वहां से गुज़रा और उसने ग़लती से खाने के किसी सामान का एक बड़ा सा टुकड़ा फर्श पर गिरा दिया!

I took a bite. It was so good! I had never eaten anything like it!

मैंने उसमें से थोड़ा सा चख लिया। खाना कमाल का था! मैंने पहले कभी वैसा कुछ नहीं खाया था!

It made me very full and tired, so I climbed back onto the box and fell asleep.

मेरा पेट उससे भर गया और मैं बहुत थक गई, इसलिए मैं वापस बक्से के ऊपर चढ़ कर सो गई।

Next thing I knew, I felt a strange feeling in my stomach. I opened my eyes and saw that I was still on the box, but in a new place.
अचानक, मुझे पेट में एक अजीब गुड़गुड़ सा महसूस हुआ। मैंने अपनी आँखें खोलीं और देखा कि मैं अब भी उसी बक्से के ऊपर, मगर किसी नई जगह पर थी।

I was beside somebody's feet, and there were a lot of people sitting on chairs.
मैं किसी के पैरों के पास थी, और बहुत सारे लोग थे जो कुर्सियों पर बैठे थे।

A small human looked at me and smiled. I jumped off the box and started to explore.
एक नन्हा सा इंसान मेरी ओर देख कर मुस्कुराया। मैं बक्से से छलांग मार कर नीचे आ गई और आसपास घूम-फिर कर देखने लगी।

I began to climb a white wall, and the little human held me up to the window.

मैं एक सफ़ेद दीवार पर चढ़ने लगी, तो उस नन्हे से इंसान ने मुझे खिड़की पर चढ़ा दिया।

Outside was the most beautiful view I had ever seen. I was on top of the clouds!

बाहर का नज़ारा इतना खूबसूरत था जितना मैंने पहले कभी नहीं देखा था। मैं तो बादलों से परे थी!

I kept staring out the window until it got dark, and I couldn't see anything but the black sky.

मैं खिड़की से तब तक बाहर झांकती रही जब तक अंधेरा नहीं छा गया, और काले आसमान के अलावा मुझे कुछ भी दिखाई देना बंद हो गया।

This was a good time to take a little nap because I was tired.

थोड़ी सी झपकी ले लेने का यह बिलकुल सही वक़्त था क्योंकि मैं थक गई थी।

When I woke up, the sun was shining bright.

जब मेरी नींद टूटी, तो सर पर सूरज तेज़ चमक रहा था।

There was a nice smell in the air, and a person was giving out boxes with food to everyone.

हवा में एक अच्छी सी खुशबू तैर रही थी, और एक इंसान सभी को खाने से भरे डिब्बे दे रहा था।

The small human and I shared a meal. It was delicious! It looked a bit like the leaves I would eat at home, but tasted completely different.

मैंने और उस नन्हे से इंसान ने साथ खाना खाया। खाना बहुत ही स्वादिष्ट था! घर पर मैं जैसे पत्ते खाती थी यह कुछ वैसा ही दिख रहा था, मगर इसका स्वाद बिल्कुल अलग था।

"When I get back, I'll tell my mom to make leaves like this for dinner," I thought.

"जब मैं वापस जाउंगी, तो माँ को इसी तरह के पत्तों से रात का खाना बनाने को कहूँगी," मैंने सोचा।

Suddenly, all the humans fastened their seatbelts and I got back onto my box.

अचानक, सभी इंसानों ने अपनी सीट बेल्ट बांध ली तो मैं भी जल्दी से अपने बक्से पर लौट आई।

I sat down and felt us landing on the ground again. Maybe I'm back home?

मैं बैठ गई और लगा कि हम फिर से ज़मीन पर उतर रहे हैं। शायद मैं घर वापस आ गई हूँ?

We got out, went through a long tunnel, and ended up outside.

हम निकले, एक लंबी सुरंग से गुज़रे, और बाहर आ गए।

"Oh, I missed the fresh air," I thought, sitting on the back of the fastest shiny thing.

"ओह, मैं इस ताज़ी हवा की कितनी कमी महसूस कर रही थी," सबसे तेज़ चलने वाली चमकदार सी चीज़ के पीछे बैठे बैठे मैंने सोचा।

Then, I saw a group of people getting onto a floating object on the water.

फिर, मैंने कुछ लोगों को पानी पर तैरती हुई एक अनोखी चीज़ पर चढ़ते हुए देखा।

**"That looks fun," I thought.
"I should try it!"**

"यह तो बहुत मज़ेदार मालूम पड़ता है," मैंने सोचा। "मुझे इस पर ज़रूर बैठना चाहिए!"

I got on it and we started moving.
मैं उस पर चढ़ गई और हम आगे बढ़ने लगे।

The waves splashed underneath, and the city became smaller and smaller behind us.
लहरें नीचे छींटे मार रहीं थीं, और शहर हमारे पीछे छोटे से छोटा होता चला जा रहा था।

The sound of the water was so calming that I fell asleep again.
पानी की आवाज़ इतनी ख़ामोशी से थपकी दे रही थी कि मैं एक बार फिर सो गई।

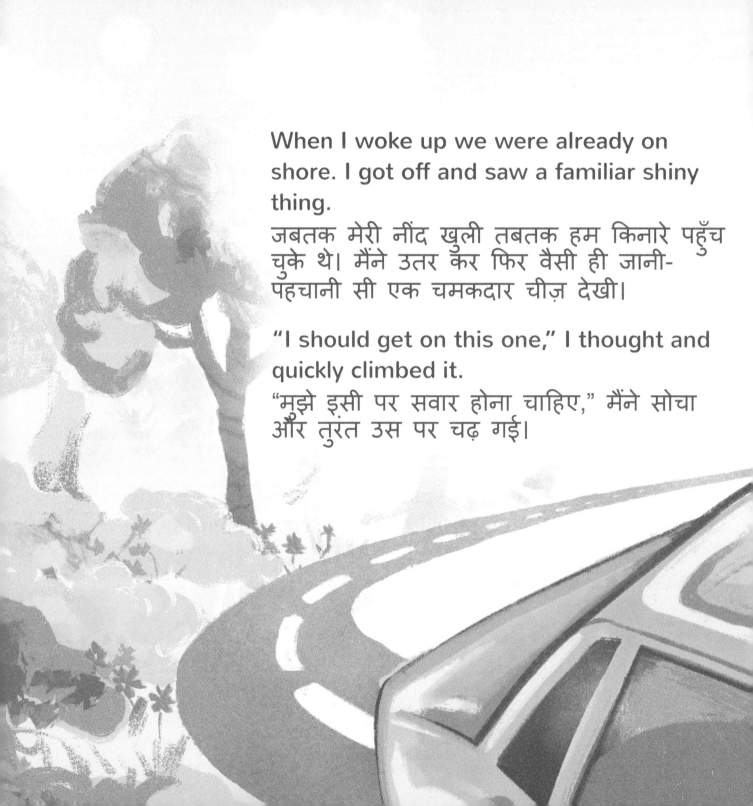

When I woke up we were already on shore. I got off and saw a familiar shiny thing.

जबतक मेरी नींद खुली तबतक हम किनारे पहुँच चुके थे। मैंने उतर कर फिर वैसी ही जानी-पहचानी सी एक चमकदार चीज़ देखी।

"I should get on this one," I thought and quickly climbed it.

"मुझे इसी पर सवार होना चाहिए," मैंने सोचा और तुरंत उस पर चढ़ गई।

After a long and tiring ride, I was back in the forest - my forest!

एक लंबी और थकाऊ सवारी के बाद, मैं जंगल में वापस आ गई - मेरे अपने जंगल में!

I got off and saw them. There they were - my family! Right in front of me!

मैंने उतर कर उन्हें देखा। सब वहीं थे - मेरा परिवार! मेरे आँखों के सामने!

I ran toward them and hugged my mom and dad tight. I was so happy to be back home!

मैं भाग कर उनके पास पहुंची और कस कर माँ और पिताजी को गले लगा लिया। घर वापस आकर मैं बहुत ज़्यादा खुश थी!

"This was such an exciting adventure," I thought. "I should do this again, but next time bring my family with me!"

"यह कितना रोमांचक सफ़र था," मैंने सोचा। "मुझे ऐसे सफ़र पर फिर से जाना चाहिए, मगर अगली बार अपने पूरे परिवार के साथ!"

www.ingramcontent.com/pod-product-compliance
Lightning Source LLC
LaVergne TN
LVHW062133060725
815486LV00043B/1232
* 9 7 8 1 5 2 5 9 6 8 5 2 5 *